instação
lilian cortez
TEMPORADA

Diretor Editorial | Gustavo Abreu
Diretor Administrativo | Júnior Gaudereto
Diretor Financeiro | Cláudio Macedo
Logística | Vinícius Santiago
Comunicação e Marketing | Giulia Staar
Assistente Editorial | Matteos Moreno e Sarah Júlia Guerra
Designer Editorial | Gustavo Zeferino e Luís Otávio Ferreira
Capa | Douglas Saturnino
Diagramação | Renata Oliveira
Revisão | Ana Duarte

Dados Internacionais de Catalogação na Publicação (CIP) de acordo com ISBD

C828i Cortez, Lilian

Instação / Lilian Cortez. - Belo Horizonte, MG : Letramento ; Temporada, 2021.
102 p. ; 14cm x 21cm.

ISBN: 978-65-5932-077-6

1. Literatura brasileira. 2. Poesia. 3. Movimento. 4. Mudança. 5. Liberdade. 6. Independência. 7. Viagem. 8. Autoconhecimento. 9. Lugar. 10. Caminho. 11. Coragem. 12. Desejo. 13. Incômodo. 14. Instável. I. Título.

2021-2733 CDD 869.1
CDU 821.134.3(81)-1

Elaborado por Vagner Rodolfo da Silva - CRB-8/9410

Índice para catálogo sistemático:

1. Literatura brasileira : Poesia 869.1
2. Literatura brasileira : Poesia 821.134.3(81)-1

Belo Horizonte - MG
Rua Magnólia, 1086
Bairro Caiçara
CEP 30770-020
Fone 31 3327-5771
contato@editoraletramento.com.br
editoraletramento.com.br
casadodireito.com

Grupo Editorial Letramento

TEMPORADA

Temporada é o selo de novos autores do
Grupo Editorial Letramento

"… e ninguém aqui vai notar

que eu jamais serei a mesma."

zélia duncan

sem teto no meu mundo

água de poço,
poço sem fundo.
apenas esboço,
mais um do mundo.

modelo de gente,
perfeição do mundo.
apenas aparente,
mais um sem fundo.

retiro da frente
se não me enxergo ao fundo.
sou mesmo exigente,
sem teto no meu mundo.

as paredes mortas
escondem, friamente,
o que dentro delas habita.
serão pessoas, corpos, espíritos?

e estes camuflam,
calculadamente,
o seu interior.
serão lógicas, sentimentos, abismos?

os quadros me olham,
as músicas me tocam,
os sabores me provam
do outro lado do funil da vida.

mas eu não sinto a catarse,
a epifania vivida
ou apenas ensaiada.
será que ninguém nunca vai me realizar?

enquanto vou ventando,
o indizível por aqui vem vindo
e as explicações vão andando
com ares cortantes zunindo.

a bordo dessa ventania,
sinto-me retorcer no vendaval.
a não ser pelo sopro que assobia
“é só mais um vento de carnaval”.

luz revirando
por sobre a cabeça
todos os insetos
e pensamentos do mundo.

luz testemunhando
cabeça adentro
todas as caraminholas
e imperfeições a fundo.

luz instigando
em nossas cabeças
todas as vontades
e mergulhos em que me inundo.

luz castigando
cabeça afora
todos os cansaços
e pesos com que me afundo.

olho tudo da sacada do andar mais alto
e o mundo é exatamente como imaginei,
mas logo tenho de tomar o elevador rumo ao térreo.

foi bom sonhar,
mas tenho que voltar a ter os pés no chão:
deslocar-me da cabeça aos pés
sem nem, ao menos, passar pelo coração.

morrer e reviver todo dia.
a cada esperança que se encerra,
há outra que se inicia.
para cada erro descoberto,
uma oportunidade escondida ali havia.
mas ela não procurou.
fingiu que o mundo,
mesmo revirado ao fundo,
não existia.

instação

círculos pequenos não me viciam,
pois o curto prazo para o leva e traz
são informações que já não me saciam.

procuro por mundos maiores,
rodas gigantes, anéis de saturno.
qualquer coisa que me leve além dos arredores.

passar de nível, subir de categoria.
procuro a cura da ignorância
num vício vagabundo por sabedoria.

enquanto não houver flores na janela
ou qualquer outra coisa que me chame a atenção,
que me faça olhar pra fora, pra frente,
continuarei de olhos voltados ao chão.
qualquer coisa que me lembre de que o futuro existe
e que os tormentos do passado,
finalmente, passarão.

raízes são recíprocas.
se um cria e o outro não cultiva,
não há como serem biunívocas,
serão apenas caminhos mal traçados
por veias e artérias equívocas.
o enraizamento é convidativo
e a partir do caminho desbravado
a aceitação é instintiva,
pois se há uma conexão corrente
não deve haver espaço distintivo.

minhas raízes não me acompanham,
apenas me conectam comigo mesma,
independente dos tempos que se sobreponham.
só as raízes criadas em mim é que carrego
como elemento essencial para que se componham.

criamos raízes, sustemos raízes,
por dentro, para fora,
apesar de raízes não sermos, infelizes.

"só" é a palavra solitária
mais acompanhada que existe.
junto dela
há um "comigo mesmo";
ao fundo,
um vazio que persiste
e, ao redor,
uma paixão a esmo.

inquietações que nunca vão se acalmar.
escadas rolantes, subindo, descendo.
elevadores que nunca chegarão ao devido andar.
perguntas sem respostas que percorrem infinitos degraus
numa corrida sem fim e sem previsão de acabar.
caminhos somente, pois chegada não há.

tudo caminha, tudo corre.
tudo é aceito, tudo morre.
tudo é rio, nada é mar.

não sei se prefiro a confusão do sentir
ou a segurança do saber.
o vazio pode ser considerado sentimento
ou somente aqueles que transbordam a existência
sem nenhuma chance primária de entendimento?
quero muito.
não sei o quê.
estou à espera.
pode uma luz se acender?
ou não mais,
acho que confio mais no que não vejo.
pago pra ver?

diante da calmaria,
ondas do tamanho do infinito,
dessas que amedrontam.
mas se você foge,
imagina com ardor e nostalgia
como teria sido o encontro
de cada gota de sal
com a carne a ser temperada.

desejo antigo ainda pode ser atendido?
só desejo me salvar na imersão.

um dia eu tudo tinha,
boba e rápida alegria
que me sentir viva fazia,
mas se findava ao fim do dia.

senti desejos, arrepios,
tremores, febres, frios...

até que a verdade se instalou,
desmentindo tudo que se achou,
levando o que já não ficou
e rindo de quem, por um instante,
achou que amou.

sentir falta é tão contraditório
que sinto em dobro.
se multiplica por dois
o buraco que não sinto,
fazendo-me sentir um buraco imenso.
penso.
talvez nem sinta,
seja só uma sensação,
porque para sentir o que não há,
me falta imaginação.
espalho placas e avisos:
minha vida está em obra.
sobra.

afino mente, coração e poesia.
falo que sinto,
sinto que penso,
penso que falo.
mas dissonância não mente,
nem ao ouvido mais acostumado.
muitas notas fora do tom,
muito barulho interno
sem nenhuma apreciação do som.
disse tudo que queria?
senti tudo que podia?
sinto que não fui,
eu ia...

um encontro alinhado
ao mais puro prazer do desalinho.
desabando, desfazendo-se.
desmistificando o ar puro
que se respira do outro lado,
deste lado do caminho.

linhas retas, linhas curvas.
linhas longas, linhas curtas.
dias claros, águas turvas.

linhas extremas
que, normalmente,
resultam em belas paisagens de abismos
por onde me jogo,
de onde me buscas.

cancela o instante, por favor!
não consigo me prender ao presente,
somente ao passado da estante.
o mesmo que se foi
depois de roubar minha vida,
mas ainda não está [in]feliz o bastante.
e acho que só estará quando atingir também o futuro
num terrível acordo de tempos:
acordo de perda constante.

é como sentir
sem ter.
imaginar a vida,
incompreender a morte,
flertar com a sorte,
viver!

vivi muitas vidas.
senti pulsante o tempo
e depois me perdi em meio à hora.
senti morrer dentro de mim
o grito que dizia:
aflora!

levantei sem pesos,
caminhei sem culpas.
enfrentei sem medos
tudo que me propus.
fiz, refiz, repeti mil vezes
meus próprios enredos.

senti no mais íntimo
coisas que nem aconteceram,
porque me permiti ser intensa,
tanto quanto o raso
que te sufoca,
sem ofensa.

acredito no que dizem,
acredito no que mentem,
acredito no que inventam,
acredito no que dizem que sentem.

creio nas pessoas,
creio nas intenções,
creio nas palavras,
creio que não são apenas invenções.

pois para mim, palavra é ordem.
promessa é ato
e nada mais verdadeiro que o fato,
que para minha ingenuidade, haja desordem!

me orgulho do tempo
e temo a ele.
de concreto, somente marcas;
de resto, tudo que invento.
lembranças são filtradas,
minuciosamente emolduradas
e penduradas nos halls das saídas,
das entradas.
só não percebo que a terra já girou
e eu ainda estou na linha de partida,
muito longe das chegadas.

te olho nos olhos
sem mais, nem por quê.
finjo que existo
através de quem você
me imagina ser.
não correspondo,
mas me nego a admitir
que sou o que você
se nega a ver.

pessoas me irritam,
ambientes me cansam,
relações me desgastam,
luzes que não dançam.

olhares me intimidam,
gestos me saturam,
palavras me incomodam,
flores que imaturam.

barulhos me aborrecem,
comparações me chateiam,
pré-conceitos me constrangem,
amores que se odeiam.

sou uma longa história,
com todas as palavras que não disse
e, mesmo assim, saíram de mim
fazendo curva pra dentro,
dizendo tudo que não fui,
mas afirmei, com veemência,
não saber não ter sido.

não sabendo
que o passado influencia o presente,
não me cabe mais não o ser,
já que por dentro tudo foi,
tudo clama, tudo é.

instação

não era invenção, estava tudo lá.
tudo que eu fingia não existir,
tudo em que eu não queria acreditar.
tudo estava diante de mim:
o abismo enorme do meu sentir
e o perder de vista do seu olhar.
meus ouvidos gritavam
o que eu sempre fiz questão de não ouvir.
estava onde não sentia
e vislumbrava não estar.
mas meu não-lugar existe
por detrás do tamanho desconforto
de tudo - e nem tudo -
que dentro de mim há.

a responsabilidade pelas possibilidades
são de quem?
dos olhos, pontos de vista.
projete o futuro, mude o presente.
invista!
escolha, volte atrás.
passos à frente, agora não dá mais.
- mas quem disse?
é sempre tempo de refazer o que se fez.
muda-se o tempo: agora se faz.
volta a fita, rebobina o rapaz!
muda o pensamento: e se fosse de outro jeito?
ódio com ódio não se paga.
será que amor teríamos feito?
falei sem pensar, agi sem medir.
atitude grosseira, medida descabida.
amei sem calcular,
sem nem sequer saber qual a intensidade
- estou envolvida.
só me pergunto em qual constelação
nossos signos vão se encontrar.

me encantei com o que parecia agradável
sem saber, de fato,
se a aparente agradabilidade
era prosa, ficção ou poesia.
verdade mutável?
prazer imaginário
e intransferível ao plano térreo,
por pura questão de nostalgia.
mas, apesar do desfoque crônico,
alguma nitidez se esboçava,
alguma verdade existia.
foto em retrato ou paisagem, não importa,
o que se faz presente na imagem se esvai
num simples piscar de vidas:
há muito menos do que,
se sincero fosse, haveria.

a angústia de não estar
e a recorrência de muito sentir.
fazer contas com palavras
e enumerar significados,
adicionando suposições
e subtraindo verdades.
sou eu que humanizo a matemática,
multiplico problemas
e divido intangíveis,
ou a questão é que não há resposta
para contas impossíveis?

instação

melancolia:
assim se sentia.
às vezes dizia,
em outras, escondia,
sem saber de onde vinha.
instalava-se sozinha
e ia embora ao final do dia.

sentiu-se flor,
observada com furor,
tocada sem pudor,
mas sentida sem amor.
dessas que murcham com o calor.
vivem sem ardor
e são dignas de pena e de pavor.

sinestesia:
era mais do que se via,
era tudo que se ouvia,
mas nada do que se queria.
o mundo era maior do que parecia
e, dentro de tudo que cabia,
a parte a se preencher permanecia vazia.

alguns vínculos
são criados em tempos outros,
tempos ocultos da memória,
presentes no inconsciente do nosso tempo
e materializados no tempo
infinito da história.

preciso tomar distância,
preciso demonstrar constância.
o olhar, constantemente,
voltado para mim.
observando o que me fere,
o que me acalma
e o que me alenta.
porque não faz sentido
ficar onde estou,
sentir o que está por vir
e, obedientemente,
esperar pela tormenta.
é tempo de escolha:
o clarear das ideias
e o descongestionar das veias,
que pulsam firme
na inconstância do pensamento.

acalma o coração,
sossega o pensamento
e prepara o terreno:
a segurança do sim
ou a incerteza do não.
aqui dentro já não caem
mais tempestades como antes.
desequilíbrios meteorológicos
já não afetam quem anda
em estado de atenção.
para-raios, guarda-chuvas, protetores solares
- todos sem efeito
aos brilhos dos amores estelares.
plenitude em calmaria
onde antes se enfurecia a escuridão,
sem destino e sem cura.
tratamento crônico às recorrências da vida,
crônicas que são.

é incrível o poder que a vida exerce
em revirar ao avesso o desejo de permanência.
por mais que esse desejo seja fruto do medo,
da comodidade inconformada, mas jamais expressada.
a quantidade de noites indesejadas
por receio do pensamento
- na noite se pensa todas as coisas indizíveis.
tudo estava bem até o momento antecedente ao caos.
lágrimas escorriam e matavam a sede com água salgada:
desconforto.
o vapor embaçava a visão do que já não se via:
abstrato.
e o perfume das pessoas que da plateia assistiam
ao desconforto do abstrato era doce demais:
enjoo.

mergulhei em alguém
sem perguntar antes a profundidade escondida.
era raso demais pro meu corpo.
não havia espaço:
inútil ser intensa no mar-morto.
quis voltar à superfície, logo ali...
mero engano!
tanto me debati que se abriu o infinito.
não podia mais voltar pro lugar de onde vim
porque me perdi de mim
dentro de outro ser humano.
criei caminhos só de ida
e só pelo prazer de adentrar o desconhecido.
me afundei no desespero de não saber
em qual parte eu estava:
fora de mim ou dentro de você?
me revirei do avesso pra sair,
e ainda, às vezes, quando procuro,
encontro pedaços inteiros de você dentro de mim.

mais uma vez,
mais uma vida.
sensação escondida
atrás de dentro de mim.

já passei por isso antes,
só não lembro o que fiz.
sei que não deu certo,
fiquei longe de estar perto.

tentei novamente,
alterei as regras.
mudei de direção
e fui exatamente de encontro à colisão.

medida descabida.
sempre volto ao começo,
na mesma pedra, do mesmo tropeço.
mas eu gosto, não há como dizer que não.

procuro, há muito tempo,
técnicas de como ser pela metade.
nem sei se vale a pena,
já sabendo da impossibilidade que em mim há
de não ser inteira.
acostumei-me a me jogar,
me arrepender e depois querer voltar.
mas não tem volta,
apenas a comparação do porque eu me joguei
e a outra pessoa não.
tudo ato interno.
externalizar seria passar por aprovação,
e ser desaprovada é tudo que eu não suportaria,
partindo do pressuposto de que, aos seus olhos,
eu teria de ser a perfeição.
com as lágrimas secas e um disfarce na voz
eu imploro por atenção.
inútil!
falar o que, com quem
no barulho silencioso das palavras mudas
que ecoam no tamanho sem fim dessa imensidão?
a atenção, se oferecida, é aceita;
se negada, jamais será mendigada,
nem ao mais surdo dos ouvidos que me grita omissão.

quando era um tempo mínimo,
já parecia uma eternidade.
agora que é uma eternidade,
nós transcendemos a medição do tempo?

por vários momentos eu paro de viver.
estaciono numa rua sem saída,
sem rumo, nem direção,
achando romântico quem penso estar comigo,
sem saber se, de fato, eles estão.
o que acontece é que eu paro,
empaco na dúvida de não saber para onde ir,
mas os outros, não.
eu é que me permito o tempo além do tempo,
sem apressar os minutos vãos.
só eu que permaneço no *delay* reverberado,
sem seguir o cronômetro instintivo que,
inconsequentemente, acelera o ritmo dos impulsos,
da batida desatinada no andamento da canção.
todos já se foram,
se deixaram levar pelas ondas sonoras
que não toleram a espera da demora.
só eu fiquei, inerte e desatenta,
em meio ao barulho emitido pelo incerto
sem saber a hora de cantar o refrão.

sou cheia de instruções
de como o amor deve ser manual,
artesanal, efêmero.
como sentir essa efemeridade
se todo meu presente se perde no tempo,
estaciona no ponto de partida
e se abastece somente de acontecimentos ultrapassados?
quem seria eu se não fosse o que já fui?
nunca naveguei no rio que passou,
sempre fui correnteza,
água profunda que não oferece segurança a ninguém.
nem de longe sei ser leve,
quanto mais a brisa na vida de alguém.
e na vivência indissociável dos atos,
eu sou o peso da lembrança.
goste assim, assim não goste,
não reajo ao julgamento
de quem concorde ou não com a minha densidade.
não dispenso a luz antiga,
talvez a mesma que me iluminou em outro instante,
no instante presente daquele momento.
agora eu preciso apagar tudo
e ser-me inteira na escuridão.

estou em busca do controle perdido.
sim, da ilusão.
devaneios poéticos sobre uma séria questão:
eu sou minha?
desconfio que não.
eu não sou minha, eu sou da situação.
o que acontece me tira do sério, eu saio de mim.
descontrole aéreo:
caí do mais alto NÃO quando tudo eu jurava que SIM.
transtorno espacial:
saber onde ela mora e não me lembrar de onde eu vim.
dilema atemporal:
onde eu começo, onde eu termino,
onde eu me encaixo, como me examino?
como eu aprendo a lidar com o descontrole
do pensamento extraviado
e da direção da vida que, geograficamente, eu não domino?
desejo antigo de permitir-me.
de fechar os olhos, respirar fundo e sussurrar ao meu ouvido:
- eu não penso, eu apenas desatino.

para ser, é preciso ir

as pessoas vão,
simplesmente vão.
vão a pé, de bicicleta, de avião.
e eu, como criança curiosa que sou,
queria perguntar para cada pessoa
para onde ela vai?
por que ela vai?
com quem ela vai?
(e comemoraria se alguém respondesse
"comigo mesma").
eu passaria o dia todo
assistindo aos aviões decolarem.
gosto da imagem,
gosto do barulho,
gosto do perigo.
acho bonito ir
porque essa, talvez seja,
a libertação do estar.
às vezes não se quer estar nada,
nem em lugar nenhum,
só se quer ser.
e para ser, é preciso ir.

acho bonito ir sofrer na praia.
elevar a dor ao tamanho do mar.
fantasiar-se no movimento das ondas.
dizer-se ir para sempre,
arrepender-se,
voltar.
não havia fôlego suficiente nem para o afogamento.
era fogo de palha
e foi apagado pela brisa do mar.
achar que é volúpia o sofrimento.
mas continua viva a metáfora solar:
meu mundo gira ao seu entorno.
transtorno.
mas há que se admitir,
melancolia gostosa de sentir,
onda boa de se navegar.

tudo que perdi
parece pouco diante do mundo,
mas foi muito diante de mim.
não houve preparação,
não houve diálogo,
nada houve, nem se ouve.
não houve sequer a possibilidade
de reverter os fatos,
rever a ação.
assim como veio, levou.
por entremeios, sem entretantos,
decidi tomar carona de ida.
não sei para onde,
só sei que vou.
num estado de presença
onde só sei que estou.
pensar, refletir, tomar distância de mim:
estou indo para poder voltar.

a partir desse momento
tudo que me cerca é descontrole.
desde que perdi minha última raiz
esqueci-me de como prender-me à terra.
tudo parece solto, livre demais.
nó desatado sem esforço e sem afeto.
me busco em meio à imensidão
e não me enxergo.
é tudo vasto demais
para conter minhas particularidades.
o relógio já está voltando
na mesma hora de ontem
e eu ainda não voltei a mim.
diante das voltas do mundo,
eu me abaixo para que o ponteiro
não acerte a minha cabeça
e eu me torne uma pessoa
ainda mais sem memória
e sem tempo.

a falsa impressão de que muito foi deixado para trás,
com desprezo e sem cautela.
eu me engano!
nada de sublime havia no plano real imaginado
de um mundo sem fundo e de superfície vazia.
meu lugar é cigano!
destino ao vento,
sem raízes ou profecias.
tentei ancorar dores (d)e amores
em lugares inventados,
criando e desenvolvendo displasias.
foi tudo um insight
de como poderia ter sido uma vida
que não foi a minha.
pensei ter histórias,
com recordações e memórias.
nada tinha.

eu sou um pé de qualquer coisa:
qualquer coisa que se deixe desabrochar
e permita-se amadurecer.
às vezes suporto o tempo passar,
já sabendo que não há remédio
e até aprecio as voltas e voltas que a terra dá.
em outros dias, não há como suportar.
sou fruto maduro que cai do pé,
consciente da escolha de não esperar.
é preferível voltar à terra,
me decompor
e me refazer em matéria outra,
do que me propor, à ilusão tecer,
de que aquela é minha forma final
e que a um destino predefinido
terei de me render.
seja pela fome humana,
que me come sem nem mesmo apreciar o sabor
ou pelo girar sem fim das máquinas,
que trituram minha essência
sem nem mesmo desconfiar
que dentro havia prazer.

quando você pode, mas não deve.
é quando você pode oferecer
todo amor do mundo a alguém,
mas ficará devendo a si mesmo
caso isso ocorra.
porque estar inteiro,
de corpo, alma e pensamento,
não preenche os vazios que passarão a existir
caso você se entregue.
entrega gratuita, frete grátis.
nada disso trará a atenção desejada,
o tempo investido,
nem quitará sua dívida consigo.
nada pagará sua dor,
dor de amor,
aquela que você embrulha num papel brilhante
e recebe uma notificação única:
destinatário não encontrado
- ele estava ocupado demais escrevendo bilhetes,
todos sem remetente,
pois ele também sabe que pode, mas não deve.

eu tenho medo da confusão que posso estar fazendo.
quando afirmo que sofro por coisas e não pessoas,
não faço ideia da mentira que posso estar contando,
nem das palavras vazias que posso estar dizendo.

se por acaso eu escolho não sofrer por alguém,
não sei se possuo poder suficiente para cumprir essa promessa.
prometi que não seria banal, sofrer por outrem é de praxe,
original é você mesmo ser esse alguém.

"eu sofro por mim" é o que vou dizer.
pelo vazio, pelo excesso, pela incerteza, pelo desejo.
por tudo que me cerca e me atravessa,
jamais pela insuficiência humana de sozinho o ser.

digo que não sei quanto tempo se passou,
apesar de ter cronometrado as mudanças de temperamento ao longo do dia.
invento não sofrer e só pensar: não é você, é o mar.
finjo que ainda é verão, mesmo sabendo que o outono chegou.

a desculpa é que estou longe,
mas se estivesse perto,
ainda assim estaria longe.
apenas um invento,
apenas uma história.
o homem inventou a distância
e depois as máquinas a dissiparam.
mas de nada adianta estar perto
se o que nos separa também está.
está aqui, entre nós,
entremeio ao deserto que nos afasta
e ao oceano que nos cerca.
não sei fingir que nada há,
que esse silêncio não é incômodo
e que o grito que me sufoca jamais vai sair,
porque também me falta o ar
e me sobra lamento.
na distância havia a ilusão de que era momentâneo,
na presença há a certeza de que é inevitável.
de que o espaço entre nós é uma instalação permanente
e que a história que se fez,
se desfez num vento de areia,
numa brisa a desvanecer no tempo [in]constante.

instação

no peso de ser leve
o corpo flutua.
e o que deveria pesar é a consciência.
como manter-se em pé
ao ver o mundo acabar?
se tudo em volta desmorona,
eu não ouço o barulho por causa do fone.
e só olharei pela janela
quando tudo já tiver sido reconstruído.
um furacão passou e eu nem vi.
sabe quando não bate o desespero?
"tudo proposital, ela não se descabela porque não quer".
e eu concordarei com tudo que disserem
- discordar dá muito trabalho.
assim como questionar,
explicar, se preocupar
e pensar, pensar, pensar...
não dá!
escolhi esquecer,
fingir, com eloquência, que nada há.

no barco estava escrito
"deus e mãe".
com acento, deus é mãe.
com perplexidade, deus existe?
com coragem, deus é mulher!

as pessoas são simples.
elas se banham nas ondas do mar
como quem sobrevive ao balanço da vida.
e essa é a graça:
não ter o ápice da guerra
e nem da revolução.
viver em paz
sabendo que a onda vem,
depois vai.
que o movimento é contínuo
e a intensidade, moderada.
nada mais as interessa
que mergulhar de corpo inteiro
em mar fechado,
pequeno espaço do mundo.
contudo, acho que ainda prefiro
molhar os pés em mar aberto:
amplidão desmesurada
que vem de outros tempos,
onde as vidas duram a eternidade que há
em uma fração de segundo.

me faço do tamanho do mar
para entender minha própria imensidão:
nem tão grande,
nem tão profunda,
mas sempre a perder de vista.
não me vejo mais para onde olho,
pois já mudei de nome e lugar.
desse ângulo já não me vês inteira
- jamais me viu inteira.
jamais subiu todos os degraus em mim
para admirar-me do alto.
não podes.
jamais saberás ver o que não podes enxergar:
o azul em mim,
o infinito do mar.
o farol que guia a embarcação
sem jamais ser porto
- segurança, em mim, não há.

esperar o recíproco
é ida sem volta,
é caminho sem fim.
é nunca chegar ao lugar desejado
pelo simples motivo de não existir.
nunca será o bastante,
nunca serei premiada.
porque o outro nunca saberá, de fato,
o quanto tem disponível de mim.
haverá sempre comparações,
cobranças infindas do que se supõe:
por que me oferece um não
se eu sempre lhe estendo meu sim?
e para isso não há resposta,
equação ilógica não se resolve.
lidar com medidas diferentes
não é tão simples assim.

uma hora passa.
nessa hora o fim chega.
nesse fim está o recomeço,
um recomeço sem precedentes.
tudo do mais novo e intacto futuro.
papel em branco na frente,
rascunhos da vida atrás.
não há sentimento sem fim
e irrita quando se prolonga:
não aguento mais me sentir assim.
nada é para sempre,
tanto quanto nem tudo é agora.
tudo tem seu tempo,
assim como nada passou da hora.
entenda que tudo vai,
tristeza e alegria vão atrás
como um papel carimbado que voa com o vento
sem escorrer dele a tinta jamais!

eu falo por sinais.
seria demais pedir que me entenda,
que traduza o sentimento
e se antecipe ao desejo;
que me encontre em meio à fumaça,
seja filtro para a minha asma
e me ajude a respirar, entender, encontrar.
- o que eu não disse
era tudo que eu queria que você entendesse.
esse silêncio é a mais pura tradução
da angustiante inquietude
que forçosamente se instala.
de tudo que existe e é incômodo,
e que não sai por mero desengano.
já não acredito mais
que um dia poderão me traduzir,
me desvendar, me sobreviver.
mas sigo tentando,
demonstrando meus sinais, sutis até demais,
para um mundo cego, surdo e desatento.

janelas que se abrem para um respiro
e para outros pontos de vista.
que convidam o inesperado a entrar
porque já se ocupam das mesmas paisagens todos os dias.
"há outros mundos", pensam.
"iluminados pelo mesmo sol", certificam-se.
revelam o que há por detrás dos muros
e escondem flagrantes - emperram.
entra só o que agrada - filtram.
mas não ultrapasse limites - fecham.
acortinar-se é proteger-se?
dentro da bolha, por detrás do muro, no núcleo da casa.
não saia daqui, não veja o futuro, não fuja de mim.

se não puder ultrapassar a linha da porta
eu pulo o muro, subo no telhado, vou com o vento.
vento forte que escancarou sua mentira - verdade!
o vidro embaçou, a porta bateu, o vento soprou:
você eu abri, através eu olhei.
não gostei do que vi, bati asas, voei.

tudo que eu queria
era ir para poder voltar,
avançar sem retroceder,
mudar o endereço da lembrança
sem ter que partir.
mas seja lá para onde eu for,
queria esquecer quem deixei entrar
sem ter que de mim sair.
retornar ao estado normal
através de caminhos ainda a desvendar;
reinventar o andar da história
utilizando apenas o botão desfazer;
e depois, regressar ao ponto de partida
sem jamais renunciar ao direito de "ir e vir".

é tudo coincidência? não pode ser!
não é possível que o mundo conspire a nosso favor,
que os planetas se realinhem ao nosso inteiro dispor,
mesmo sem você querer.

que eu queira viver tudo que ainda tenho a descobrir,
saia às ruas à procura do que há de novo
e encontre somente seu rastro em meio ao povo,
me trazendo de volta tudo que eu já vivi.

que eu tente nadar contra a corrente para sobreviver,
me agarre a qualquer papel em branco indefinido
para assim bemolizar minha vida em sustenido
e acabe me deparando com notas inventadas que eu
não sei ler.

as paisagens nunca mudam de lugar,
o que se move são as molduras.
o que se move, ainda, são as pessoas,
que se fazem instalação temporária
dentro da obra permanente.
e a obra nada mais é que o mundo.
terra firme, água inconstante,
dentro da mais calma combinação
de tudo que é manso.
canso.
eu quero o alvoroço de tudo que se transforma
e é mutante.
invento qualquer coisa pontiaguda
para se fazer de intruso.
o incômodo do indesejável
- abuso.

um estorvo na paisagem,
uma luz que não favorece,
um caminho que não se abre,
uma imagem que se distorce,
uma epifania que não acontece.

as pessoas vivem na beira das coisas:
na beira da estrada,
na beira do rio,
na beira do esgoto.
não por escolha, mas necessidade.
a mesma que nos leva para a beira de dentro.
é preciso estar atento:
se piscar, caiu.
se passar muito tempo olhando para dentro
pode se tornar uma daquelas pessoas que morreu
e ninguém, nunca mais, viu.
olhar para dentro é perigoso
e viver só na parte de fora é fatal.
permaneça à margem,
na curva que vem do tempo que já foi.
na memória da história que um dia você ouviu
sentado na calçada por onde sua vida passou.

o som dos meus desvios
me locomovem através de mim:
sigo sinais, desando caminhos.
intuições ancestrais.
desconstruo o fio da vida
que me prende aqui
e não escrevo nunca
de caneta permanente,
porque não me cabe ficar.
eu olho através de uma fresta
que não me mostra quem sou
e é exatamente isso que eu quero enxergar.
quero ver desalinho,
desordem, desorganização.
miscelânia pessoal,
dúvida individual.
excesso de indefinições
que já não têm mais para onde correr
- tudo sobre nada em meio ao ser.

às vezes, eu também sou
como um objeto não identificado,
que flerta com outros seres estranhos,
desmedido e descompensado,
que não busca pelo aval da normalidade.
probabilidade zero
de poses ensaiadas por códigos acessíveis,
somente o susto do sentido.
caminho invertido
ao da invenção da memória.
não lembro o que fiz
porque não me identifico
com afazeres cotidianos.
repertório leviano
que fere a norma culta de não saber ler:
enxergam-se as letras
mas não se identificam as palavras.
aconteço somente aqui,
sem dia, sem mês, sem ano.

não me coloco muitas regras,
não me imponho muitos limites,
não espero muito de mim.
fazer o que parece melhor
e lidar a todo momento com o desconhecido.
não ver a hora passar,
e ainda assim,
não ver a hora da noite chegar.
é tudo contraditório
e avesso à verdade.
pensamento invertido pra ver se melhora
a ansiedade de tudo querer:
tudo pra ontem,
ao mais tardar, pra hoje ou amanhã,
mas sem demora!
até o último suspiro de amanhã
já está atrasado pro meu desesperado
respiro de agora.

a luz é amena
e a porta está fechada.
há alguém dentro da casa?
talvez tenham ido ao mercado
para comprar uma lâmpada
com maior alcance de iluminuras;
ou à vidraçaria
para instalar aqueles vidros
por onde nada se vê:
quem está dentro sente a pulsação de fora,
quem está fora apenas imagina
a vida que não se lê.
mas de nada adianta entrar
se a luz está lá fora.
perder-se para sempre na escuridão de dentro
é um clássico dos descaminhos mal iluminados
que nunca levam a nada,
mas por onde ainda entro.

eu vi o dia acabando,
portanto, não mais o vi.
não pude decifrar o significado
das sombras nem mesmo à noite.
só mesmo vi restos de tons alaranjados
em meio à escuridão do mundo.
daqui, do meu mundo,
tudo continua um mistério:
pra quê recomeçar de novo amanhã?
não sei se o que me toca mais
são os vestígios do dia
ou os ares da noite,
mas sei que, entre eles,
me pertenço.

o caminho mais curto até mim
continua sendo voltas e voltas
sem lugar certo de parar
- eu vivo ao redor.
de um lado ou de outro
é certo que estou,
só continua incerta qual direção tomar.
eu vivo em transe,
calmo, porém constante.
e quando eu penso que sei
para onde o vento vai me levar,
a tempestade muda de direção
e meu barco a vela já não pode mais voltar.
eu vivo sem mapa.
sem endereço para correspondência,
sem planos a longo prazo,
sem datas comemorativas,
sem agruras pela minha ausência.

eu me acostumei a ir.
a esquecer qualquer coisa que me prenda
e num relance de luzes, voar.
a abrir caminhos que não existem
porque, na verdade, eu não sei aonde quero chegar.
rota indefinida.
se der, deu;
se não der, poeira comeu.
lugares fixos me assustam,
explicações a dar me afugentam.
vou sem mentir,
fico se gostar,
volto se quiser.
se me perguntarem como estou,
eu responderei onde estou.
meio caminho andado para entender
que não há placas que te levem até mim,
apenas brisas passageiras que sopram
"ela já passou por aqui".

o centro da terra que
há dentro de mim

escrevo como quem busca companhia,
a mais sublime companhia
para se estar só:
minha consciência sobre mim.
não sei o que quero,
nem da onde vim,
mas sei onde estou e isso basta.
às vezes, tenho que estar longe
para saber das coisas de perto.
em volta, o que me cercam são possibilidades,
mas ainda não sei como realizá-las.
a mesa é longa e farta,
mas eu posso ocupar apenas uma cadeira
e nesse momento eu estou na ponta.
me acomodo no fim - ou no começo -
como quem tem medo de chegar aos meios
e ser engolida pelo centro da terra
que há dentro de mim.

ao fim do ciclo, me reciclo e sigo.
volto pra dentro de mim
e me reencontro comigo antiga, agora.
tudo foi vivido mas nem tudo entendido.
nada, aliás, foi aceito
por uma negação intrínseca ao ego
que permite estar e parecer
sem, jamais, entrar na complexidade de o ser.
transito por dentro de mim
na solidão que é agora apenas ser,
sem estar ou parecer o que agrada,
o que apetece mas não engana.
minhas veias e artérias são minha matéria,
produto interno bruto,
pessoa estado inteiro,
governada pelas situações às quais me muto.
porta adentro, tão dentro quanto fora
que não me pareço com mais nada,
quanto tudo que me esqueço.
e assim continuo:
finalizo com capricho
o início de um novo recomeço.

há uma sede,
uma esperança em rede
e uma vontade que não cede.
sinto, comigo mesma,
que pertenço ao extremo
de como, nada antes, nunca foi meu.
e na ânsia de ser eu
atropelo tudo ao redor e,
também, pudera!
- não me condeno por tornar-me maior.
tamanho exato de tudo que aqui cabia,
por medo se escondia
e aos poucos se esvaía.
me encontrei, me perdi, me reinventei
e reencontro-me hoje
com a mais perfeita idealização de mim:
forma inteira juntando os pedaços.
tudo que foi, continua aqui,
ocupando seus devidos lugares, memórias e espaços.
agora posso ir e voltar
sem nunca mais ter que sair de mim.

há muito me enchi de tudo que me ofereceram.
foi pouco.
uns me ofereceram frases inacabadas,
interessantes num primeiro momento,
até eu perceber que palavras não brotam no vazio.
outros me ofereceram quadros vivos, alegres,
porém saturados de cores em contraste,
a ponto de eu não conseguir enxergar o que neles havia.
ninguém me ofereceu a escolha, dizendo
"você pode ser o que puder e quiser ser",
só me ofereceram molduras.
nelas me encaixei o quanto pude,
até não fazer mais sentido.
e de todo passado, nada foi sentido.
estive eu pendurada na parede,
escrita no bilhete que jamais foi lido,
tentando observar os momentos alheios
para assim me encaixar em cada vivência percebida,
sem nunca ter sido matéria viva,
apenas matéria esculpida.

arquiteta o ilusório:
vê e mente, mente
- repete a mentira.
insiste no erro
para que, outrora,
o insano pareça coerente.
realidades utópicas
para curar negação;
egos contrariados
e verdades constrangidas
que necessitam de aprovação,
mesmo que inconsistente.
não seria lucrativo revelar-se
para si próprio ao espelho,
aos outros como modelo
ou ao sistema reverso
que tanto o assusta:
enxergar o mundo além do aparente.
nada é além do que quer que seja.
inventa aceitação,
aumenta ascensão,
reafirma-lhes exatidão.
reafirma a si mesmo,
veementemente.

enquanto você nem pensa
na possibilidade do não,
tudo é sim.
é tudo proposital:
a indiferença exagerada,
a saudade pré-fabricada,
o orgulho quebrado que nunca ninguém viu.
cada palavra não dita
foi altamente proclamada
aos ouvidos passionais de quem ouviu.
só não enxerga o ato pensado e dissimulado,
estampado na face do prazer
em fingir que não,
quando tudo é sim,
quem, mais uma vez,
por pura ingenuidade,
ainda sorriu.

nenhum começo aparenta o fim
e todo ciclo só é infinito se ilusório.
tudo parece estar atrelado
a uma linha do tempo
que remete à fachada:
eu imagino por fora
o labirinto de dentro,
sem saber que, em um passo,
da sala à cozinha,
o fio já se rompeu,
a linha desfiou
e todo o plano entrelaçado descosturou.
o labirinto é falho.
o desejo de continuar não se traduz
no passo em falso ao buraco negro
onde não chega a luz.

o fim de tarde
me traz quem já fui.
- o que eu fazia há milênios de mim?
a mesma sensação de alguém que vai embora
e diz "até amanhã".
e o amanhã é diferente,
a vida já não é a mesma de agora.
mas o fim de tarde continua intacto:
um resto de luz
e o vapor de um dia quente.
é tempo de ir embora,
voltar pra casa, reencontrar pessoas.
reencontrar a si mesmo diante do caos,
da esquina, do espelho, da memória.
realinhar as estruturas de dentro
com os balanços de fora
- a tarde é a sinestesia do dia.
e mesmo quando eu não puder ver mais o sol,
eu me lembrarei de quem eu sou
quando chegar essa hora.

cobrar-se por tudo
nunca levou ninguém a nada.
eu sei que é difícil desprender-se,
abstrair o peso da memória
do julgamento de um amor violento.
procurar a liberdade no meio da história
e encontrar somente um silêncio desconcertante.
e depois, apegar-se ao presente
como à carta de alforria
que ao corpo é atenuante,
sem saber direito como medir as consequências
de dores intensas,
daquelas que vêm logo depois que tudo acabou.
será que vale a pena?
como medir o amor
de quem nunca amou?
então, segue-se a busca:
experiências intensas
que não dependem de aprovação,
coração aberto ao novo.
desejo antigo de ser abrigo
a todos que partilhem da mesma beleza
que é ser luz na escuridão.

tudo valeu a pena!
pena de quem não foi,
ficou pelo caminho do rio raso,
que não leva nem às margens do mundo,
quanto mais à superfície de uma pessoa inteira,
dessas que não voam rasante
e mergulham profundo.
alma espelho infinito,
amor estado inteiro.
sua coragem vem da insegurança
e do sábio medo temido
que impede o erro, já conhecido,
de não viver o tudo proposto.
pois não há como saber
se o voo vai doer
antes da decolagem.
há apenas como soprar o ar mais puro
ao respirar alheio
e expirar com alívio e atenção:
as pessoas ruins estão só de passagem.

me tomo em suco de amora,
vermelho estridente,
frio ardente
que geou mil graus
num súbito passado-presente.
sem maiores recordações,
o proponho agora:
despistar os sentidos
contra os efeitos sortidos,
pois não há provas
de que gotas me povoaram
num tempo absurdo,
desprendido de hora.
o azedo me prende a boca,
e consome a mesma voz rouca
que traria palavras não habituais,
rasgando o estremecer do sonho
nos tons hostis e selvagens
dos impulsos nas cordas vocais.

me desfaço em pedaços
e depois me refaço desmedida
- estou em construção.
aproveito as sobras do passado,
daquele material um dia descartado,
para erguer um arranha-céu em mim.
arranha a garganta,
arranha o coração.
arranha o desespero de, às vezes,
querer me jogar lá do alto
para cair na tentação
de mais uma vez fugir.
se alguém me perguntar
vou dizer que nunca estive aqui.
e mesmo com a arquitetura projetada,
eu ainda tenho dúvida
se os números calculados, algum dia,
resultarão na soma exata
de todos os edifícios inteiros,
que desabaram com o vento,
após todas as desestruturas do fim.

o que há por detrás da parede?
essa parede que você mesma construiu,
sua casa, seu abrigo de desejos.
o que você faz com seus desejos?
eu posso sentir que eles são sinuosos,
profundos, subterrâneos.
eu toco as paredes e elas têm formas
- as formas exatas que eu as construí.
eu vejo tudo que desejo,
mas não mostro tudo que imagino.
minha casa é meu país.
as paredes sólidas escondem umidade e infiltrações,
dessas que escorrem pela pele
e respingam pela vida.
quatro paredes que escondem e sustentam
o quarto da bagunça, o cantinho do medo:
vozes e ecos,
metamorfoses e objetos,
desvios e trajetos
num súbito suspiro
prestes a eclodir, desabar, sucumbir.

me olho no espelho
como quem diz
“essa não sou eu”.
o instante que passou
cegou os poros e a pele,
e de olhos fechados
me revejo.
me escrevo,
mas não me leio.
os traços são abstratos demais
para qualquer entendimento.
procuro algo de mim,
sem nem mesmo perceber
que sou toda mentira e imaginação.
e eu gosto de me imaginar.
de me transfigurar em espelho de rua
que reflete todos os passos impensados
de quem jamais corre, apenas flutua.
acho que nasci para refletir os devaneios do mundo.

está na hora de fazer
um grande desbalanço.
colocar tudo fora do lugar,
fora de ordem,
fora de alcance.
é vez de bater ponto
numa rua sem saída
e decidir qual muro pular.
eu quero a assimetria
do que não tem encontro:
cada um vai para um lado,
pois não há espaço para a dúvida.
eu quero romper a corda
na qual me equilibrei
e sair voando com o vento
que, um dia, já tentou me derrubar.

instação

não aparenta,
mas as camadas são intercaladas
de insegurança, indignação e inércia.
não seguem ordem alguma,
a não ser a ordem combinativa das cores
que servem para enganar
a ordem distraída dos olhos.

quem sabe um belo dia
- defina "belo" -
eu acorde pensando
"é sobre o que me incomoda
que eu quero falar";
e "são as imperfeições da vida
que eu quero expor".
se isso acontecer, nada vai mudar:
a terra continuará girando
e o sol se pondo.
mas, particularmente,
eu terei economizado voltas e voltas
para chegar ao único lugar pretendido:
o avesso.

às vezes o quadro é permanente,
por ele nada passa
e nele tudo habita.
as luzes e o foco são transitórios,
pois a matéria concreta,
abrigo-ilusório,
abstém-se de caminhos:
esfera - temporariamente - restrita.

eu entro e saio dos meus desejos
como quem faz baldeação
para um lugar desconhecido.
sou muitas
mas acho que nenhuma delas
sabe definir esses desejos
- da onde me veem ou da onde eu me vejo?
eu queria ter desenhado uma espiral,
mas atravessei o dia em linha reta.
faria diferente:
mergulharia no mar gelado
do desejo desconhecido
em vez de, apenas, um banho quente.

eu desencontro minhas ausências
como quem procura exatidão
em não ser uma expectativa criada.
coloco tudo sobre a mesa,
mas não consigo mudar de opinião:
escolho sempre a mesma carta marcada.
jogadas ensaiadas diante do espelho
e da falta de obstinação
em não ser aquela figura projetada.
fracasso em alguns pontos
mas que afetam o edifício inteiro.
recuo no jogo, recuo na sorte, recuo no amor.
mas sigo firme em reafirmar
que, algumas coisas eu não quero encarar,
como quem disfarça
qual fachada desaba primeiro.

alguém sempre está pendurado
de cabeça pra baixo,
com as estruturas de fora,
num emaranhado de tecidos
e a perder de vista.
alguém sempre joga a isca
porque na testa do outro
está escrito "presa fácil",
difícil é fugir da masculinidade frágil
e rasgar a cartilha.
alguém sempre cai na armadilha
porque o sistema é feito pra isso:
forte pro anzol,
impossível pro peixe.
a não ser que se juntem como feixe
para abrir as portas do mundo.

eu volto.
eu sempre volto
para o lugar que me oferece
infinitos modos de ser.
de transitar por mim
e me deparar comigo mesma
tantos anos atrás,
há tantos quilômetros de mim
diante de tantas memórias,
escondidas e cultuadas
pelo tempo que não passa,
pelo desgaste que não sinto,
pelo rio que não morre.
corre dentro de mim
tudo que lembro
e tudo que jamais me desfaço
- o mundo mora em mim.